기초부터 차근차근!

찌아요 加油 중국어 워크북

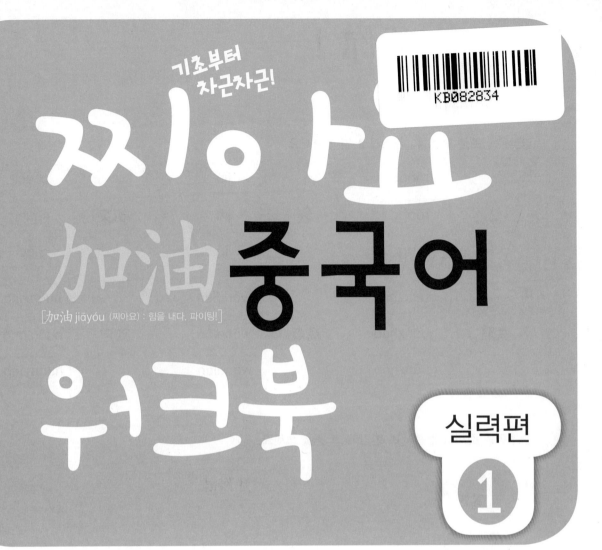

[加油 jiāyóu (찌아요) : 힘을 내다, 파이팅!]

실력편 1

Tip

<간체자 쓰기 요령>

1 가로획을 먼저 쓰고, 세로 획을 나중에 씁니다. 一 → 十

2 삐침 획을 먼저 쓰고, 파임 획을 나중에 씁니다. 丿 → 八

3 위에서 아래의 순서로 씁니다. 一 → 二

4 왼쪽에서 오른쪽으로 씁니다. 丿 → 川 → 川

5 바깥에서 안쪽으로 씁니다. 丿 → 月 → 月 → 月

6 외곽, 안쪽, 막기의 순서로 씁니다. 丨 → 冂 → 四 → 四 → 四

7 중앙을 먼저 쓰고, 양쪽을 나중에 씁니다. 亅 → 小 → 小

J PLUS
Language Publishing Co.

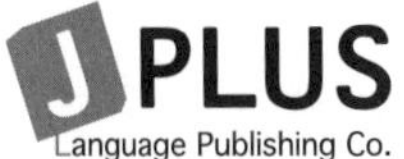

01 欢迎你！

1 알맞은 성조를 고른 후, 큰소리로 읽어 보세요.

2 관련 있는 것끼리 연결하고, 빈칸에 그 뜻을 쓰세요.

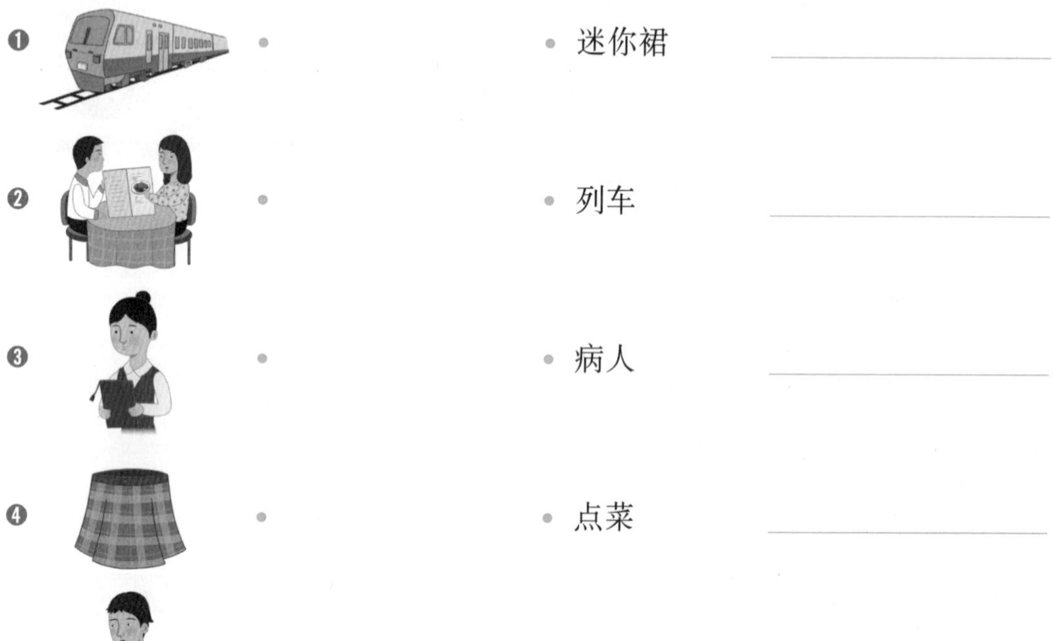

3 보기와 같이 문장을 완성하세요.

보기

사장님은 나에게 중국어 공부를 하라고 한다.(学汉语) ➜ 老板让我学汉语。

❶ 엄마는 나에게 청소를 하라고 한다. 打扫房间

____

❷ 의사는 아빠에게 일주일 쉬라고 했다. 休息一个星期

____

❸ 사장님은 나에게 중국 출장을 가라고 한다. 去中国出差

____

❹ 그녀는 나에게 메뉴를 시키라고 한다. 点菜

____

4 상황에 맞게 빈칸에 들어갈 말을 보기 중에서 골라 써 넣으세요.

❶ 

A: 不好意思！________。

B: 没什么，没等多久。

❷ 

A: ________________！

B: 我也很高兴。

❸ 

A: 金先生，________。

B: 不辛苦，谢谢你来接我。

보기

a 让你久等了。 b 请多关照！ c 认识你很高兴！ d 路上辛苦了。

간체자 쓰기연습

품사 명사　의미 처음, 첫 번째

初次

chūcì

품사 명사　의미 간식

零食

língshí

품사 명사　의미 환자

病人

bìngrén

품사 명사　의미 종업원, 웨이터

服务员

fúwùyuán

품사 동사　의미 (차, 비행기 등이) 늦게 도착하다, 연착하다

晚点

wǎndiǎn

품사 동사 의미 오래 기다리다

久等

jiǔděng

품사 동사 의미 환영하다

欢迎

huānyíng

품사 동사 의미 돌보다, 보살피다

关照

guānzhào

품사 동사 의미 음식을 주문하다

点菜

diǎncài

품사 동사 의미 폐를 끼치다

打扰

dǎrǎo

02 最近过得好吗?

1 빈칸에 단어의 병음과 그 뜻을 쓰세요.

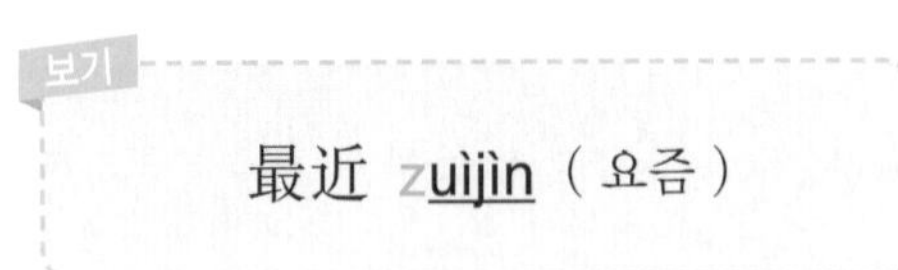

보기

最近 zuìjìn (요즘)

❶ 结束 j______ [   ]

❷ 期末考试 q______ [   ]

❸ 提 ______ [   ]

❹ 砸 ______ [   ]

2 그림을 보고 어울리는 것끼리 연결하세요.

❶ 	考砸了	술을 적게 마시다
❷ 	少喝酒	시험을 망치다
❸ 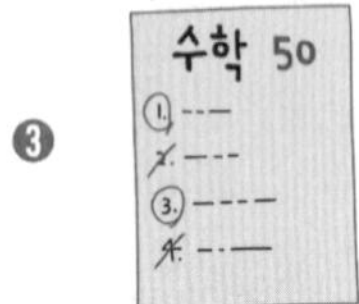	注意卫生	공부하느라 바쁘다
❹ 	忙着学习	위생에 주의하다

3 그림을 보고, 보기와 같이 문장을 완성하세요.

보기

睡觉，很好 → 睡觉睡得很好。

❶ 会说汉语～ 说汉语，很好 → ______________________

❷ 游泳，非常快 → ______________________

❸ 写汉字，很好看 → ______________________

❹ 踢球，不好 → ______________________

4 힌트를 활용하여 중국어로 말해 보세요.

A: 요즘 잘 지내세요? 过

最近(   )?

B: 그럭저럭요. 기말고사가 막 끝났거든요. 刚

(   ), 期末考试 (   )。

A: 시험 어떻게 봤어요? 考

考试 (   )?

B: 말도 마세요. 망쳤어요. 어떻게 보내셨어요? 提, 砸

(   ), (   )。你过得怎么样 ?

A: 한국손님이 오셔서, 계속 접대하느라 바빴어요. 忙着

来了韩国客人, 我(   )。

간체자 쓰기연습

품사 명사 의미 요즘

最近

zuìjìn

품사 명사 의미 도둑, 좀도둑

小偷

xiǎotōu

품사 형용사 의미 위생적이다

卫生

wèishēng

품사 형용사 의미 그저 그렇다

马马虎虎

mǎmǎhūhū

품사 동사 의미 망치다

砸

zá

品사 동사 의미 끝나다

结束
jiéshù

품사 동사 의미 언급하다, 말을 꺼내다

提
tí

품사 동사 의미 주의하다

注意
zhùyì

품사 동사 의미 접대하다

接待
jiēdài

의미 연애하다

谈恋爱
tán liàn'ài

03 在哪儿买的?

1 연결하여 단어를 완성하고, 뜻을 쓰세요

❶ yǎnguāng	眼 •	• 务	
❷ shūfu	舒 •	• 光	
❸ kùzi	裤 •	• 明	
❹ cōngming	聪 •	• 子	
❺ fúwù	服 •	• 服	

2 다음 빈칸에 들어갈 양사를 쓰세요.

❶ 

两____衣服

❷ 

一____咖啡

❸ 

五____书

❹ 

一____鞋

❺ 

三____人

❻ 

一____裤子

3 밑줄 친 부분에 들어갈 말을 골라 쓰세요.

보기

眼光， 上次， 又/ 又， 是/ 的

❶ 在北京，坐地铁____ 快____ 方便。

❷ 你汉语说得很不错！你____ 在哪儿学____？

❸ ______ 我去了北京，可这次没去。

❹ 每个人的______ 都不一样。

4 다음을 중국어로 말하세요.

❶ 이 옷 예쁘다! 어디서 산 거야?

漂亮 这件 很 衣服 是 的 哪儿 在 买

________________！________________？

❷ 그 친구 정말 안목 있다.

真 他 眼光 有

____

❸ 이 원피스 편하기도 하고, 예뻐.

又 又 这件 舒服 连衣裙 漂亮

____

❹ 너 볼래, 내 바지 어디서 산 거게?

裤子 是 的 我的 在 买 你看 哪儿

________，________________________？

간체자 쓰기연습

품사 명사 의미 안목

眼光

yǎnguāng

품사 명사 의미 바지

裤子

kùzi

품사 명사 의미 서비스

服务

fúwù

품사 형용사 의미 편안하다

舒服

shūfu

품사 형용사 의미 똑똑하다, 영리하다

聪明

cōngming

품사 형용사 의미 키가 작다

矮

ǎi

품사 형용사 의미 (옷 등이) 크다, 헐렁하다

肥

féi

품사 형용사 의미 친절하다

热情

rèqíng

품사 형용사 의미 주도면밀하다, 세심하다

周到

zhōudào

품사 동사 의미 주다, 선물하다

送

sòng

04 我要寄到韩国。

1 알맞은 성조를 고른 후, 큰소리로 읽어보세요.

2 빈칸에 들어갈 병음을 쓰고, 알맞은 것끼리 연결하세요.

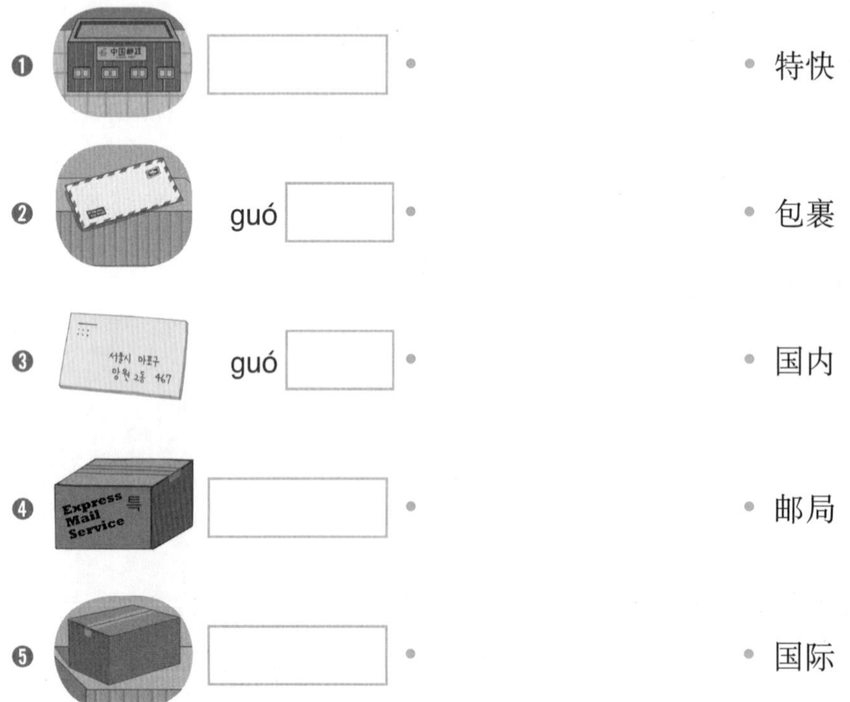

3 보기와 같이 문장을 바꾸세요.

보기

你去中国吗? / 你去日本吗? ➜ 你去中国还是去日本?

❶ 你要黄的吗？/ 你要蓝的吗？ ____________

❷ 你喝红茶吗？/ 你喝绿茶吗？ ____________

❸ 你一个人去吗？/ 你和朋友一起去吗？ ____________

4 다음 제시된 단어를 이용하여 보기와 같이 문장을 만드세요.

보기

寄/韩国 ➜ 寄到韩国 (한국으로 보내다)

❶ 看 / 十点 ➜ ____________ (　　　　　　　　)

❷ 送 / 法国 ➜ ____________ (　　　　　　　　)

❸ 等 / 两点 ➜ ____________ (　　　　　　　　)

❹ 坐 / 北京站 ➜ ____________ (　　　　　　　　)

5 자연스러운 대화가 되도록 연결하세요.

❶ 你要寄包裹吗？国际还是国内？ • • 我先称一下。

❷ 几天能到？ • • 我要寄到韩国。

❸ 特快多少钱？ • • 特快三天就到。

간체자 쓰기연습

품사 명사 의미 소포

包裹

bāoguǒ

품사 명사 의미 국제

国际

guójì

품사 명사 의미 특급

特快

tèkuài

품사 명사 의미 중식

中餐

zhōngcān

품사 명사 의미 새벽

凌晨

língchén

品사 명사 의미 부근, 근처

附近

fùjìn

품사 명사/양사 의미 페이지

页

yè

품사 동사 의미 (무게를) 달다, 재다

称

chēng

품사 동사 의미 붙이다

贴

tiē

품사 동사 의미 옮기다, 이사하다

搬

bān

05 想请假。

1 빈칸에 알맞은 것을 써 넣으세요.

❶ 脸色 ________ (얼굴색)

❷ ____ yánzhòng (   )

❸ ____ ________ (감기)

❹ 请假 ________ (   )

❺ ____ ________ (비밀)

❻ 熟悉 ________ (   )

2 다음 단어를 읽고 알맞은 그림과 연결하세요.

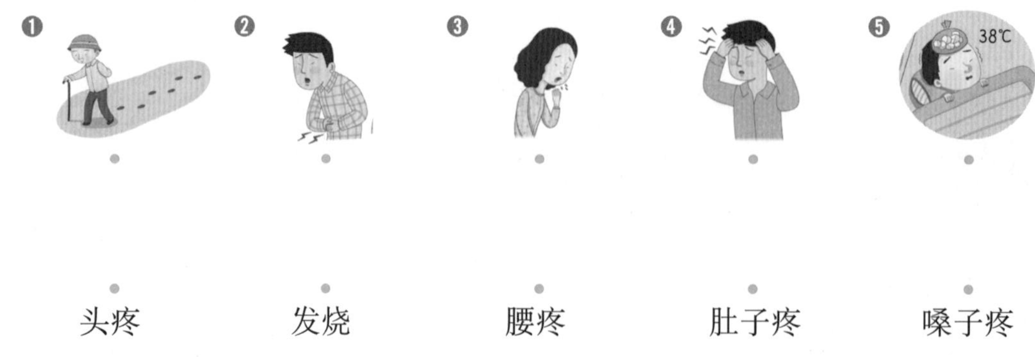

头疼　　发烧　　腰疼　　肚子疼　　嗓子疼

3 우리말 뜻에 유의하여 중국어로 바꾸세요.

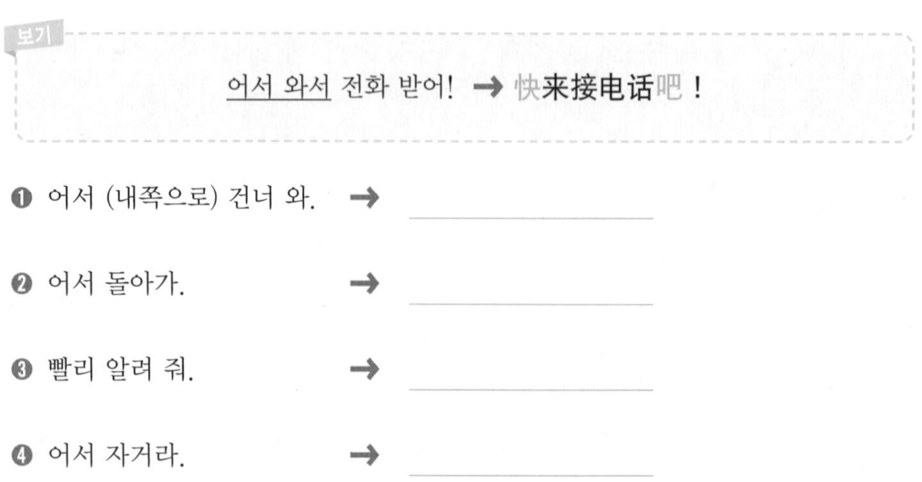

보기

어서 와서 전화 받어! → 快来接电话吧！

❶ 어서 (내쪽으로) 건너 와. → ________

❷ 어서 돌아가. → ________

❸ 빨리 알려 줘. → ________

❹ 어서 자거라. → ________

4 **다음 그림을 보고 빈칸에 알맞은 말을 넣으세요.**

❶ 공부하기는 어렵다.

汉语 ________ 很难。

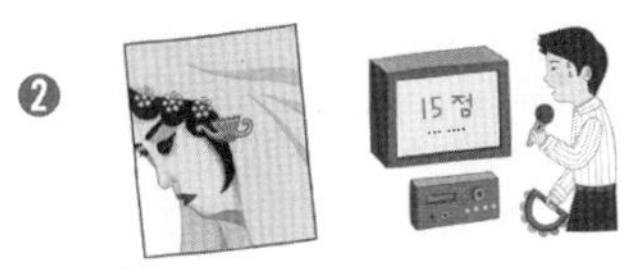

❷ 듣기는 쉬운데, 부르기는 쉽지 않다.

中国歌 ________ 容易, ________ 不容易。

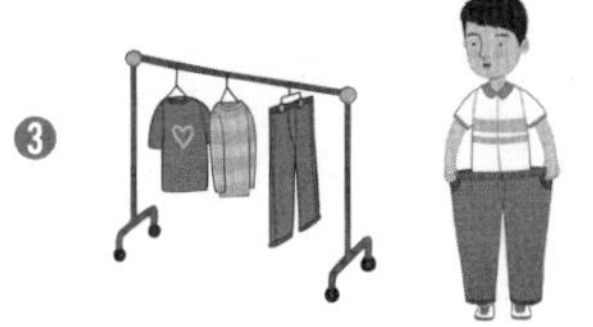

❸ 보기는 예쁜데, 입기는 불편하다.

这件衣服 ________ 很漂亮, ________ 不舒服。

5 **맞는 말을 고르세요.**

❶ 안색이 안 좋아 보이는구나.

你看起来（眼光 / 脸色）不太好。

❷ 선생님, 저 몸이 안 좋아요, 조퇴하고 싶습니다.

老师，我身体（不舒服 / 有心事），想请假。

❸ 왜 그런거지?

（怎么了? / 怎么样? ）

❹ 얼른 병원에 가 보거라.

（快去医院吧。/ 快要去医院了。）

간체자 쓰기연습

품사 명사 의미 안색

脸色

liǎnsè

품사 명사/동사 의미 감기(에 걸리다)

感冒

gǎnmào

품사 명사 의미 목

嗓子

sǎngzi

품사 명사 의미 비밀

秘密

mìmì

품사 형용사 의미 심각하다

严重

yánzhòng

품사 명사/동사 의미 두통, 머리가 아프다

头疼

tóuténg

품사 동사 의미 (휴가, 조퇴 등) 신청하다

请假

qǐngjià

품사 동사 의미 열이 나다

发烧

fāshāo

품사 동사 의미 잘 알다, 익숙하다

熟悉

shúxī

품사 부사 의미 갑자기

突然

tūrán

06 你哪儿不舒服?

1 빈칸에 들어갈 단어를 보기에서 골라 써 넣으세요.

보기: 住 看 流 打

❶ 주사를 맞다 ☐ 针

❷ 코를 흘리다 ☐ 鼻涕

❸ 진찰하다(받다) ☐ 病

❹ 입원하다 ☐ 院

2 맞는 것끼리 연결한 후, 뜻을 쓰세요.

❶ ❷ ❸ ❹ ❺

眼科 急诊室 内科 外科 牙科

3 '给'가 들어갈 알맞은 위치를 고르세요.

❶ A 我 B 机会 C。 저에게 기회를 주세요.

❷ A 我 B 父母 C 写信。 저는 부모님께 편지를 써요.

❸ A 一个 B 小学生 C 辅导。 한 초등학생에게 과외를 해 주다.

4 그림을 보고 문장을 만드세요.

보기

다이어트 할 필요 없어요! → 不用减肥！

❶ 약 먹을 필요가 없어요. → ____________

❷ 입원할 필요가 없어요. → ____________

❸ 그에게 전화할 필요가 없습니다. → ____________

❹ 예의를 차릴 필요가 없습니다. → ____________

5 빈칸을 채워 문장을 완성하세요.

보기

不通气　疼　用不用　不舒服

流　咳嗽　开点药　不用　发烧

A: 어디가 불편하세요?

你哪儿________?

B: 목이 아프고요, 기침 나고, 콧물 나고, 코도 막혔어요.

嗓子 ____, ______, ____ 鼻涕, 鼻子 ________。

A: 열이 좀 있네요, 약을 좀 지어 줄게요.

有点儿 ______, 给你 ________。

B: 주사 맞아야 하나요?

________ 打针?

A: 주사 맞을 필요 없어요. 약 먹고 며칠 쉬면 돼요.

______ 打针, 吃了药休息几天就好。

간체자 쓰기연습

품사 명사 의미 눈물

眼泪

yǎnlèi

품사 명사 의미 콧물

鼻涕

bítì

품사 명사 의미 코

鼻子

bízi

품사 동사 의미 기침하다

咳嗽

késou

품사 명사 의미 땀

汗

hàn

품사 동사 의미 흐르다

流

liú

품사 동사 의미 (숨, 공기 등이) 통하다

通气

tōngqì

품사 동사 의미 처방전을 쓰다

开药

kāiyào

품사 동사 의미 주사를 맞다

打针

dǎzhēn

품사 동사 의미 소개하다

介绍

jièshào

07 去王府井怎么走?

1 알맞은 성조를 고른 후, 큰소리로 읽어 보세요.

2 그림을 보고 어떻게 가야할지 알맞은 답을 골라 연결하세요.

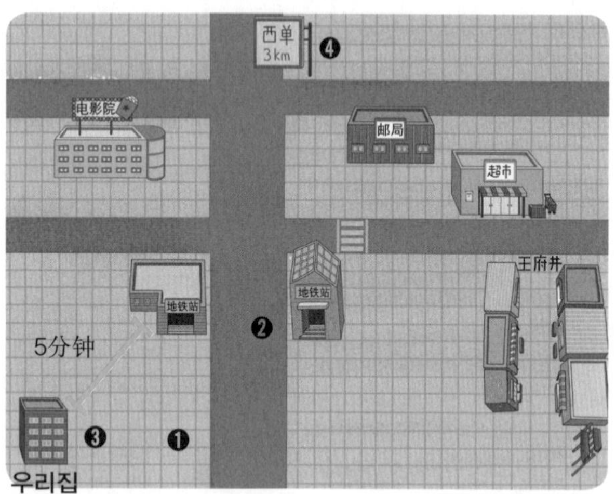

❶ 去地铁站怎么走？ •	• 到十字路口，往右拐。
❷ 去王府井怎么走？ •	• 离这儿3公里。
❸ 你家离地铁站多远？ •	• 一直往前走。
❹ 西单离这儿多远？ •	• 走路五分钟。

3 **다음을 어순에 맞게 배열하세요.**

❶ 好 去 今天 比较 오늘 가는 편이 좋겠어요.

❷ 十字路口 左 第一个 往 到 拐 첫 번째 사거리에서 좌회전하세요.

❸ 过 前 往 就 走 到 马路 了 길을 건너서 앞으로 가면 바로 도착합니다.

❹ 去 走 怎么 邮局 우체국에 가려면 어떻게 가죠?

4 **중국어 질문에 자유롭게 대답해 보세요.**

❶ 你怎么去学校(公司)？

❷ 你的学校(公司)离你家远吗？

❸ 从你家到公司(学校)坐公共汽车(地铁)要多长时间？

간체자 쓰기연습

품사 명사 의미 사거리

十字路口

shízìlùkǒu

품사 명사 의미 지하철역

地铁站

dìtiězhàn

품사 명사 의미 길목

路口

lùkǒu

품사 부사 의미 비교적

比较

bǐjiào

품사 동사 의미 돌다

拐

guǎi

走路

zǒulù

품사 동사 의미 걷다

打车

dǎchē

품사 동사 의미 택시를 타다

顺

shùn

품사 개사 의미 ~따라

往

wǎng

품사 개사 의미 ~쪽으로, ~(을) 향해서

离

lí

품사 개사 의미 ~까지, ~에서

08 什么时候能修好?

1 알맞은 성조를 표기한 후, 빈칸에 뜻을 쓰세요.

보기 准备 zhǔnbèi (준비하다)

❶ 师傅 shifu (　　　　)

❷ 死机 siji (　　　　)

❸ 检查 jiancha (　　　　)

❹ 速度 sudu (　　　　)

❺ 病毒 bingdu (　　　　)

2 의미에 맞게 보기에서 알맞은 결과보어를 골라 쓰세요.

보기 错　完　饱　清楚　干净

❶ 깨끗이 씻다. 洗 ☐

❷ 배불리 먹다. 吃 ☐

❸ 잘못 듣다. 听 ☐

❹ 확실히 묻다. 问 ☐

3 다음 그림을 보고 '可能'을 이용하여, 문장을 만들어 보세요.

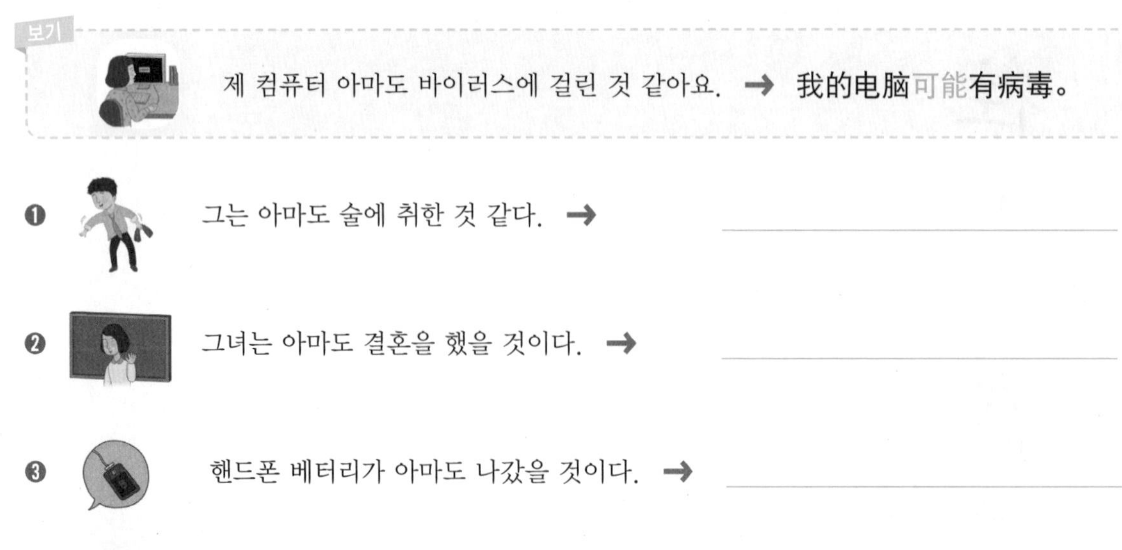

보기 제 컴퓨터 아마도 바이러스에 걸린 것 같아요. → 我的电脑可能有病毒。

❶ 그는 아마도 술에 취한 것 같다. → ____________

❷ 그녀는 아마도 결혼을 했을 것이다. → ____________

❸ 핸드폰 베터리가 아마도 나갔을 것이다. → ____________

❹ 오늘 아마도 비가 오지 않을 것이다. → ____________

4 '不但~而且~'를 사용하여, 대화를 완성하세요.

❶ A: 你会说英语吗?

B: ________________ 英语，法语

❷ A: 他的女朋友漂亮吗?

B: ________________ 漂亮，聪明

❸ A: 你喜欢吃中国菜吗?

B: ________________ 喜欢吃, 会做中国菜

❹ A: 你真的有姐姐吗?

B: ________________ 有姐姐, 有一个哥哥

5 빈칸에 알맞은 단어를 골라 쓰세요.

보기

先　取　能　修　修好　可能

A: 我想 [ ] 电脑。

B: 我 [ ] 检查一下, [ ] 有病毒。

A: 什么时候 [ ] [ ] ?

B: 你明天来 [ ] 吧。

간체자 쓰기연습

품사 명사 의미 선생님, 기사(어떤 일에 능숙한 사람)

师傅

shīfu

품사 명사 의미 속도

速度

sùdù

품사 명사 의미 바이러스

病毒

bìngdú

품사 형용사 의미 분명하다

清楚

qīngchu

품사 형용사 의미 배부르다

饱

bǎo

품사 동사 의미 수리하다

修

xiū

품사 동사 의미 가지다, 찾다

取

qǔ

품사 동사 의미 (컴퓨터 등이) 다운되다

死机

sǐjī

품사 동사 의미 검사하다, 점검하다

检查

jiǎnchá

품사 동사 의미 돈을 벌다

赚钱

zhuànqián

09 我想剪成短发。

1 단어의 알맞은 발음을 고르고 뜻을 쓰세요.

2 예시와 같이 알맞은 것끼리 연결하세요.

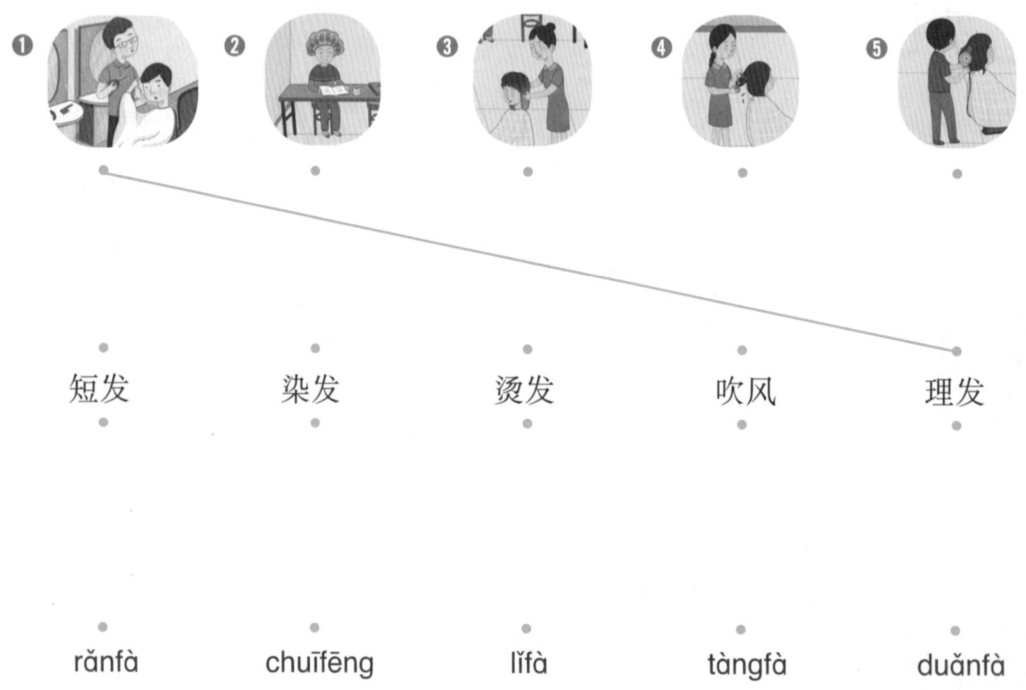

3 보기와 같이 '成'을 사용하여 한국어를 중국어로 바꾸세요.

보기

동사成명사: ~으로 '동사'되다.

❶ 인민폐로 환전하다. 换 ______________

❷ 한 가족이 되다. 变 ______________

❸ 둘로 나누다. 分 ______________

❹ 중문으로 번역하다. 翻译 ______________

4 다음 빈칸에 공통으로 들어갈 말을 쓰세요.

❶ 他是 [ ] 人？

❷ 你想过 [ ] 生活？

❸ 你喜欢 [ ] 男人？

❹ [ ] 家庭最幸福？

➜ [ ]

5 한국어 해석에 유의하여 중국어로 말해 보세요.

A: ______________, ______________? 어서 오세요, 파마하시려고요?

B: 不是，我想理发。 아뇨, 컷트하려고요.

A: 你想要 ______________? 어떤 스타일로 하고 싶으세요?

B: 我想 ______________，还要剪刘海。 단발로 자르려고요, 그리고 앞머리도 자를 거예요.

간체자 쓰기연습

품사 명사 의미 헤어스타일

发型

fàxíng

품사 명사 의미 앞머리

刘海

liúhǎi

품사 명사 의미 가정

家庭

jiātíng

품사 명사/형용사 의미 행복(하다)

幸福

xìngfú

품사 형용사 의미 유행이다, 세련되다

时髦

shímáo

품사 동사　의미 이발하다

理发

lǐfà

품사 동사　의미 자르다

剪

jiǎn

품사 동사　의미 파마하다

烫发

tàngfà

품사 동사　의미 염색하다

染

rǎn

품사 동사　의미 번역하다

翻译

fānyì

10 汇率又跌了！

1 알맞게 연결하여 단어를 조합한 후, 빈칸을 채우세요.

❶ 换 • • 价 f________ (집값)

❷ 汇 • • 票 g________ (주식)

❸ 物 • • 价 w________ (물가)

❹ 股 • • 钱 h________ (환전하다)

❺ 房 • • 率 h________ (환율)

2 빈칸에 들어갈 단어를 써 넣으세요.

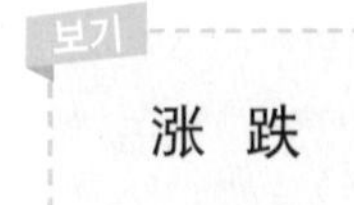

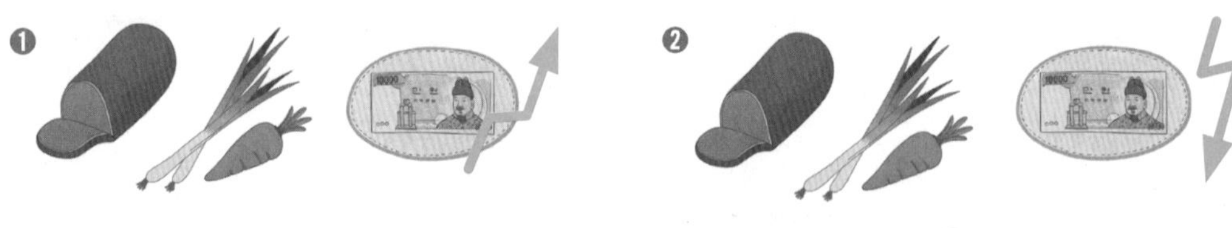

❶ ☐ ❷ ☐

3 다음을 중국어로 쓰고 읽어보세요.

❶ 0.35 ________________

❷ 1.57 ________________

❸ $\frac{1}{3}$ ________________

❹ $\frac{3}{4}$ ________________

4 다음 빈칸에 들어갈 말을 쓰세요.

❶ 我想换 [ ] 人民币。 인민폐로 환전하고 싶어요.

❷ 你 [ ] 吃点儿吧！ 좀 더 드세요!

❸ 我的电脑 [ ] 死机了。 제 컴퓨터가 또 다운됐어요.

❹ 请你 [ ] 一下！ 한 번 세어보세요.

5 다음을 어순에 맞게 배열하세요.

❶ 能　换　这儿　不能　钱 여기서 환전됩니까?

____

❷ 换　我　美元　想　成 달러로 바꾸고 싶습니다.

____

❸ 多少　美元　能　一百　换　人民币 100불이면 인민폐가 얼마나 됩니까?

____

❹ 零钱　换　一些　我　给 잔돈으로 좀 바꿔 주세요.

____

간체자 쓰기연습

품사 명사 의미 환율

汇率

huìlǜ

품사 명사 의미 주식

股票

gǔpiào

품사 명사 의미 물가

物价

wùjià

품사 명사 의미 잔돈

零钱

língqián

품사 명사 의미 계획

计划

jìhuà

품사 명사 의미 동전

硬币

yìngbì

품사 명사 의미 급한 일

急事

jíshì

품사 동사 의미 환전하다

兑换

duìhuàn

품사 동사 의미 (물가 등이)내리다, 떨어지다

跌

diē

품사 동사 의미 세다, 헤아리다

数

shǔ

11 不大也不小，两个人住正好。

1 빈칸을 채우고 그 뜻을 쓰세요.

❶ liúxuéshēng ______学生（　　　　）
❷ sùshè 宿______（　　　　）
❸ dúshū ______书（　　　　）
❹ sànbù ______步（　　　　）
❺ shěng ______（　　　　）
❻ kòng ______（　　　　）

2 그림과 알맞은 말을 연결하고 그 뜻을 쓰세요.

❶ 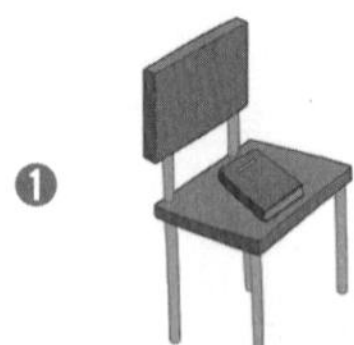 • • 写在本子上 ______________

❷  • • 贴在信封的右边 ______________

❸  • • 挂在衣架上 ______________

❹ 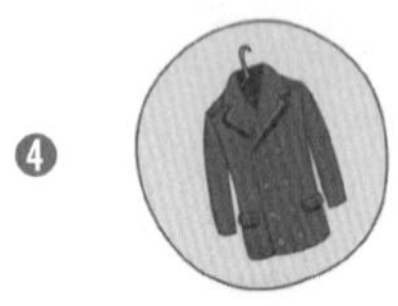 • • 存在电脑里 ______________

❺  • • 放在椅子上 ______________

3 보기와 같이 문장을 만들고 해석해 보세요.

보기

大, 小 → 不大也不小　　크지도 작지도 않다.

❶ 多，少 → ________ (　　　　)

❷ 高，矮 → ________ (　　　　)

❸ 胖，瘦 → ________ (　　　　)

❹ 冷，热 → ________ (　　　　)

❺ 贵，便宜 → ________ (　　　　)

4 '有的时候～， 有的时候～'를 이용하여 문장을 완성하세요.

❶ 喝咖啡， 喝冰红茶 ________

❷ 回家休息， 上街逛逛 ________

❸ 吃方便面，吃汉堡包 ________

❹ 和朋友聊天，去图书馆看书 ________

5 잘 읽고 질문에 답하세요.

哈利住在留学生宿舍。他和朋友一起住，他觉得宿舍不大也不小，两个人住正好。 哈利没有课的时候，有的时候上网，有的时候看书。

❶ 위 내용과 일치하지 않는 내용은?

a 할리는 유학생 기숙사에서 친구와 둘이 산다.　　b 할리는 둘이 사는 것을 좋아한다.

❷ 할리는 언제 인터넷을 하나요?

a 가끔　　b 수업이 없을 때

간체자 쓰기연습

품사 명사 의미 유학생

留学生

liúxuéshēng

품사 명사 의미 숙소

宿舍

sùshè

품사 명사 의미 틈, 짬

空

kòng

품사 명사 의미 옷걸이

衣架

yījià

품사 명사 의미 옷장

衣柜

yīguì

품사 양사 의미 폭(그림을 세는 양사)

幅

fú

품사 동사 의미 묵다, 살다

住

zhù

품사 동사 의미 아끼다

省

shěng

품사 동사 의미 책을 읽다

读书

dúshū

품사 동사 의미 산책하다

散步

sànbù

12 你陪我去夜市行吗?

1 그림을 보고 해당하는 중국어를 쓰세요.

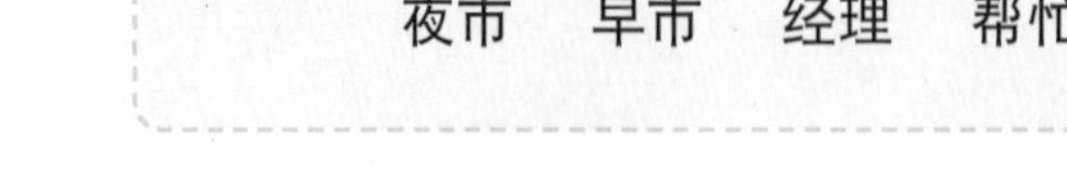

보기

夜市　早市　经理　帮忙

❶ 
❷ 
❸ 
❹ 

2 단어의 병음에 성조를 표시하고 그 뜻을 쓰세요.

❶ 时机 shiji
❷ 脸色 lianse
❸ 聊天 liaotian
❹ 眼神 yanshen
❺ 待遇 daiyu
❻ 奉陪 fengpei

3 다음을 중국어로 쓰고 읽어보세요.

보기

나는 엄마를 모시고 슈퍼에 갔다. → 我陪妈妈去夜市。

❶ 나는 선생님을 모시고 학교에 갔다. →
❷ 나는 아빠를 모시고 병원에 갔다. →
❸ 나는 사장님을 모시고 중국에 갔다. →

4 그림을 보고 문장을 만드세요.

❶ A: 打乒乓球累不累?

B: ______________________

(힘들긴 하지만, 재미있어요.)

❷ A: 公司的待遇好不好?

B: ______________________

(좋긴 좋은데, 자주 야근을 해요.)

❸ A: 你会说汉语吗?

B: ______________________

(할 줄은 알지만, 잘 못해요).

❹ A: 你去过香港吗?

B: ______________________

(가 본적이 있긴 하지만, 출장으로만 가 봤습니다.)

5 빈칸을 채워 대화를 완성하세요.

A: 나와 함께 야시장에 가 줄래?

你 [ ] 我去夜市 [ ] 吗?

B: 가줄 수는 있는데, 지금은 시간이 적절하지 않아.

[ ], 可是现在 [ ] 不对。

A: 왜 적절하지 않은데?

[ ] 不对 [ ]?

B: 야시장은 저녁이 되어야 열리거든.

夜市是晚上 [ ] 开始的。

간체자 쓰기연습

품사 명사 의미 야시장

夜市

yèshì

품사 명사 의미 상황

情况

qíngkuàng

품사 명사 의미 대우, 취급

待遇

dàiyù

품사 동사 의미 모시다, 동반하다

陪

péi

품사 동사 의미 거닐다, 다니다

逛

guàng

품사 동사 의미 이야기하다

聊天

liáotiān

품사 동사 의미 돕다, 도와주다

帮忙

bāngmáng

품사 동사 의미 보충수업을 하다

补课

bǔkè

품사 부사 의미 단지, 다만

只是

zhǐshì

품사 부사 의미 자주

经常

jīngcháng

13 祝你生日快乐！

1 다음 그림을 보고, 축원의 말을 중국어로 쓰세요.

보기

(祝你）圣诞节快乐！

❶ 新年 ________________

❷ 中秋节 ________________

❸ 国庆节 ________________

❹ 生日 ________________

2 보기와 같이 알맞은 형용사를 써서 문장을 완성하세요.

보기

好 大 呀！

힌트

可怕 痒 紧张 漂亮

❶ 好________啊！

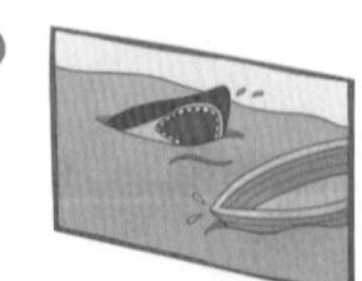

❷ 好________呀！

❸ 好________啊！

❹ 好________啊！

3 다음 문장을 바르게 고쳐보세요.

❶ 爸爸送一个小礼物妈妈。

→ ______________________________

❷ 小龙送美娜给一盒中国茶。

→ ______________________________

4 다음을 어순에 맞게 배열하세요.

❶ 还 你 我 记得 吗　　저를 아직 기억하시나요?

______________________________?

❷ 记得 我 吃 你 甜的 喜欢　　(제 기억에) 당신 단 것 좋아하잖아요!

______________________________!

❸ 的 你 好记 很 生日　　너의 생일은 기억하기 쉽구나!

______________________________!

5 다음 질문에 중국어로 자유롭게 답해 보세요.

❶ 你记得今天老师(老板)说的话吗？

____

❷ 明天是妈妈的生日，你送她什么礼物？

____

간체자 쓰기연습

품사 명사 의미 인상

印象

yìnxiàng

품사 양사 의미 묶음, 다발

束

shù

품사 형용사 의미 가렵다

痒

yǎng

품사 형용사 의미 긴장하다, 불안하다

紧张

jǐnzhāng

품사 형용사 의미 귀엽다, 사랑스럽다

可爱

kě'ài

품사 형용사 의미 즐겁다, 유쾌하다

快乐

kuàilè

품사 형용사 의미 유쾌하다, 즐겁다

愉快

yúkuài

품사 동사 의미 축하하다

祝

zhù

품사 동사 의미 기억하고 있다

记得

jìde

품사 동사 의미 받다, 받아두다

收下

shōuxià

14 你有什么爱好？

1 알맞은 성조를 고른 후, 큰소리로 읽어보세요.

2 그림을 보고, 빈칸에 알맞은 동사를 쓰세요.

3 다음 그림을 보고 알맞은 단어를 쓰세요.

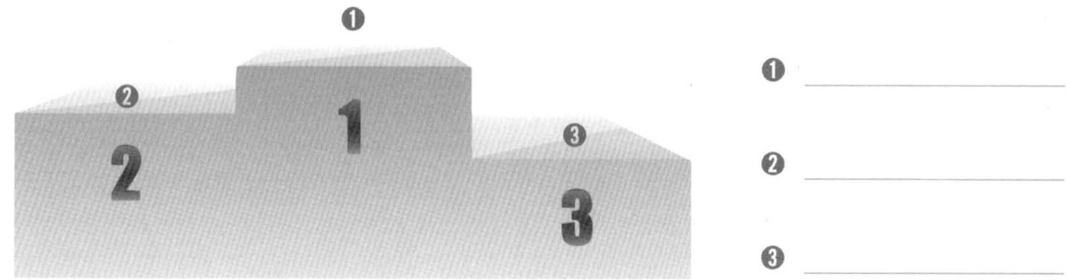

❶ ______

❷ ______

❸ ______

4 빈칸에 공통으로 들어가는 단어를 쓰고 문장을 해석해 보세요. (❶❷의 A, ❶❷의 B)

❶ A: 他的中国朋友 [ ] 。 ______

B: 他都有 [ ] 朋友？ ______

❷ A: 我去过的地方 [ ] 。 ______

B: 你都去过 [ ] 地方? ______

5 괄호 안 힌트에 유의하여 중국어로 바꾸세요.

A: 我的 [ ] 多着呢。（취미）

B: 都有 [ ] ？（어떤 것들）

A: [ ] ，游泳、弹吉他、钓鱼 [ ] 。（예를 들어/등등）

간체자 쓰기연습

품사 명사 의미 취미

爱好

àihào

품사 명사 의미 우승, 1등

冠军

guànjūn

품사 명사/형용사 의미 곤란, 어렵다

困难

kùnnan

품사 명사 의미 상금

奖金

jiǎngjīn

품사 명사 의미 꿈, 몽상

梦想

mèngxiǎng

품사 동사 의미 참가하다

参加

cānjiā

품사 동사 의미 낚시하다

钓鱼

diàoyú

품사 동사 의미 마음을 놓다, 안심하다

放心

fàngxīn

의미 세계여행

环球旅游

huánqiú lǚyóu

품사 접속사 의미 예를 들어, 예컨대

比如

bǐrú

15 我要订一张往返票。

1 다음 단어의 알맞은 발음을 고르세요.

2 비행기 티켓을 잘 보고 빈칸을 중국어로 채우세요.

❶ 他坐 ☐ 去美国(纽约),

❷ 他的 ☐ 是27B,

❸ ☐ 是WA112。

3 다음 대화의 빈칸에 들어갈 말을 채우세요.

❶ A: 你要经济舱 [아니면] 商务舱？ ____________

B: 我要经济舱。

❷ A: 能给我 [통로쪽 좌석] 吗？ ____________

B: 可以，[잠시만 기다려 주세요]。 ____________

❸ A: 我想 [취소하다] 机票，可以吗？ ____________

B: 没问题，请 [알려주세요] 我您的姓名。 ____________

4 다음 의미에 맞게 제시된 어휘들을 배열하세요.

❶ 저에게 비자 번호를 알려주세요.

我 请 号码 签证 告诉　　__________________________。

❷ 그가 저에게 당신의 휴대폰 전화번호를 알려주었어요.

告诉 他 手机 号码 我 你的 了　　__________________________。

❸ 저에게 예약번호를 알려주시겠습니까?

能不能 预约号 我 告诉　　__________________________?

❹ 저는 상하이에 가는 비행기표 한 장을 예약하고 싶습니다.

想 我 一张 订 去 机票 的 上海　　__________________________。

5 비행기표를 예매하는 내용에 맞게 아래 빈칸을 채우세요.

A: 안녕하세요, 여기는 대한항공 매표소입니다.

你好！________ 大韩航空公司的________。

B: 15일 서울가는 비행기표를 예매하고 싶은데요.

我想订 ________ 去 ____________ 。

A: 왕복표를 원하십니까, 아니면 편도표를 원하십니까?

你要往返票________ 单程票？

B: 왕복표 한 장이요.

我要订一张 ________ 。

간체자 쓰기연습

품사 명사 의미 항공

航空

hángkōng

품사 명사 의미 매표소

售票处

shòupiàochù

품사 명사 의미 편도

单程

dānchéng

품사 명사 의미 비자

签证

qiānzhèng

품사 명사 의미 소식

消息

xiāoxi

품사 명사 의미 비즈니스석

商务舱

shāngwùcāng

품사 동사 의미 예약하다

订

dìng

품사 동사 의미 왕복하다

往返

wǎngfǎn

품사 동사 의미 접근하다

靠

kào

품사 동사 의미 취소하다

取消

qǔxiāo

16 我先把护照拿出来。

1 병음을 읽고 해당하는 중국어를 찾아 연결하세요.

❶ tuōyùn ❷ xíngli ❸ xiāngzi ❹ dēngjīkǒu ❺ chuānghu

箱子 登机口 托运 窗户 行李

2 다음 그림을 보고, 빈칸에 복합방향보어를 채우세요.

❶ 拿◯◯

❷ 带◯◯

❸ 走◯◯

❹ 放◯◯

❺ 提◯◯

3 다음 보기와 같이 제시된 단어를 이용하여, '把'자문으로 완성하세요.

보기

关上，门 → 把门关上。(문을 닫다.)

❶ 开开， 窗户 ________________ (창문을 열다.)

❷ 借给我， 那本书 ________________ (저 책을 나에게 빌려 줘.)

❸ 带来了， 你的书 ________________ (네 책을 가져왔어.)

❹ 交给老师， 我的作业 ________________ (내 숙제를 선생님께 제출하다.)

4 **'给'를 활용하여 아래 한국어를 중국어로 바꾸세요.**

❶ (편지/소포 등을)나에게 붙여줘. 寄 ____________

❷ 너에게 (선물로) 줄게. 送 ____________

❸ 나에게 빌려주세요. 借 ____________

❹ 선생님께 제출하다. 交 ____________

❺ (전자메일 등을)너에게 발송 해 줄게. 发 ____________

5 **그림에 해당하는 동작을 중국어로 쓰고, 공항에서 탑승까지 순서대로 배열해보세요.**

a

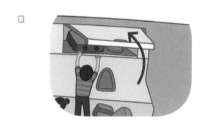

把行李放 [ ]

b

把护照拿 [ ]

c

[ ] 行李

d

去 [ ]

나는 공항에 도착해 먼저 짐을 부치고, 입국심사를 받기 위해 여권을 꺼냈다. 면세점에서 쇼핑을 하고, 시간에 맞춰 30번 탑승게이트로 갔다. 내 좌석을 찾아 앉은 후, 짐을 (캐비넷에) 올렸다.

순서: ____________

간체자 쓰기연습

품사 명사　의미 짐, 여행짐

行李

xíngli

품사 명사　의미 상자, 트렁크

箱子

xiāngzi

품사 명사　의미 손목시계

手表

shǒubiǎo

품사 동사　의미 (비행기에) 탑승하다

登机

dēngjī

품사 동사　의미 운송을 위탁하다

托运

tuōyùn

품사 동사 의미 들다, 쥐다

提

tí

품사 동사 의미 쥐다, 잡다

拿

ná

품사 동사 의미 휴대하다, 챙기다

带

dài

품사 동사 의미 내다, 제출하다

交

jiāo

품사 개사 의미 ~을/를

把

bǎ

정답

1 欢迎你！ p.2~3

1
❶ ràng ❷ jiǔ ❸ chūcì ❹ guānzhào
❺ wǎndiǎn ❻ huānyíng

2
❶ – 列车 열차
❷ – 点菜 주문하다
❸ – 服务员 종업원
❹ – 迷你裙 미니스커트
❺ – 病人 환자

3
❶ 妈妈让我打扫房间。
❷ 医生让爸爸休息一个星期。
❸ 老板让我去中国出差。
❹ 她让我点菜。

4
❶ a 让你久等了！
❷ c 认识你很高兴！
❸ d 路上辛苦了。

2 最近过得好吗? p.6~7

1
❶ j(iéshù) (끝나다) ❷ q(īmò kǎoshì) (기말고사) ❸ (tí) (언급하다) ❹ (zá) (망치다)

2
❶ – 忙着学习 – 공부하느라 바쁘다
❷ – 注意卫生 – 위생에 주의하다
❸ – 考砸了 – 시험을 망치다
❹ – 少喝酒 – 조금 적게 마시다

3
❶ 说汉语说得很好。
❷ 游泳游得非常快。
❸ 写汉字写得很好看。
❹ 踢球踢得不好。

4
过得好吗
马马虎虎，刚结束
考得怎么样
别提了，考砸了
一直忙着接待

3 在哪儿买的? p.10~11

1
❶ yǎnguāng 眼 – 光 안목
❷ shūfu 舒 – 服 편안하다
❸ kùzi 裤 – 子 바지
❹ cōngming 聪 – 明 똘똘하다
❺ fúwù 服 – 务 서비스

2
❶ 件 ❷ 杯 ❸ 本 ❹ 双 ❺ 个 ❻ 条

3
❶ 又 / 又 ❷ 是 / 的 ❸ 上次 ❹ 眼光

4
❶ 这件衣服很漂亮！是在哪儿买的？
❷ 他真有眼光！
❸ 这件连衣裙又舒服又漂亮。
❹ 你看，我的裤子是在哪儿买的？

4 我要寄到韩国。 p.14~15

1
❶ jì ❷ chēng ❸ bān
❹ língchén ❺ fùjìn

2

❶ youjú — 邮局
❷ guó jì — 国际
❸ guó nèi — 国内
❹ tèkuài — 特快
❺ bāoguǒ — 包裹

3

❶ 你要黄的还是要蓝的？
❷ 你喝红茶还是喝绿茶？
❸ 你一个人去还是和朋友一起去？

4

❶ 看到十点 (10시까지 보다.)
❷ 送到法国 (프랑스로 보내다.)
❸ 等到两点 (두 시까지 기다리다.)
❹ 坐到北京站 (베이징역까지 타다(타고 가다).)

5

❶ 你要寄包裹吗？国际还是国内？ — 我要寄到韩国。
❷ 几天能到？ — 特快三天就到。
❸ 特快多少钱？ — 我先称一下。

5 想请假。 p.18~19

1

❶ 脸色 liǎnsè (얼굴색)
❷ 严重 yánzhòng (심하다)
❸ 感冒 gǎnmào (감기)
❹ 请假 qǐngjià (조퇴 신청하다)
❺ 秘密 mìmì (비밀)
❻ 熟悉 shúxī (익숙하다)

2 ❶ ❷ ❸ ❹ ❺

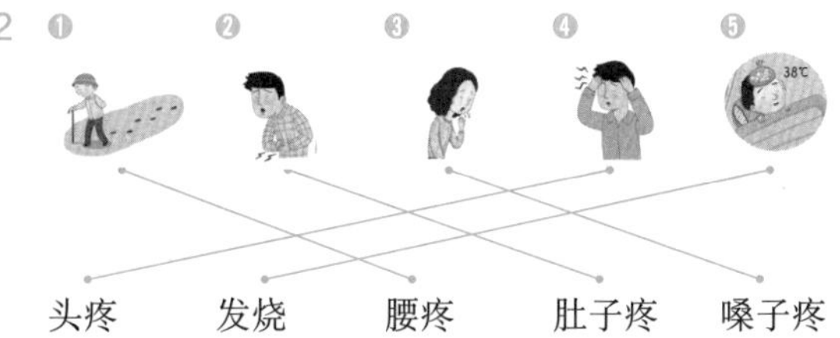

头疼　发烧　腰疼　肚子疼　嗓子疼

3

❶ 快过来吧！
❷ 快回去吧!
❸ 快告诉我吧！
❹ 快(去)睡觉吧！

4

❶ 学起来
❷ 听起来 / 唱起来
❸ 看起来 / 穿起来

5

❶ 你看起来(脸色)不太好。
❷ 老师，我身体(不舒服)，想请假。
❸ (怎么了？)
❹ (快去医院吧。)

6 你哪儿不舒服? p.22~23

1

❶ 打　❷ 流
❸ 看　❹ 住

2 ❶ ❷ ❸ ❹ ❺

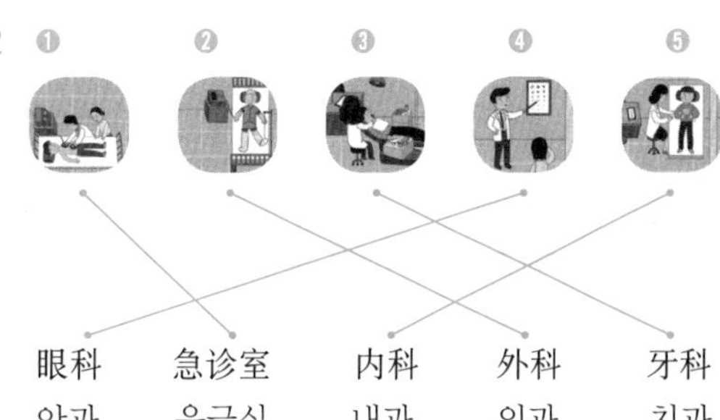

眼科 안과　急诊室 응급실　内科 내과　外科 외과　牙科 치과

3

❶ A　❷ B　❸ A

4

❶ 不用吃药。
❷ 不用住院。
❸ 不用给他打电话。
❹ 不用客气！

5
不舒服
疼，咳嗽，流，不通气
发烧，开点药
用不用
不用

7 去王府井怎么走? p.26~27

1
❶ lí ❷ shùn ❸ wǎng ❹ guǎi ❺ tiáo

2
❶ 去地铁站怎么走？ — 一直往前走。
❷ 去王府井怎么走？ — 到十字路口，往右拐。
❸ 你家离地铁站多远？ — 走路五分钟。
❹ 西单离这儿多远？ — 离这儿3公里。

3
❶ 今天去比较好。
❷ 到第一个十字路口往左拐。
❸ 过马路往前走就到了。
❹ 去邮局怎么走？

4 예
❶ 坐地铁去。
❷ 不太远，坐地铁15分钟。
❸ 坐公共汽车20分钟左右。

8 什么时候能修好? p.30~31

1
❶ shīfu 선생님, 기사
❷ sījī 다운되다
❸ jiǎnchá 검사하다, 점검하다
❹ sùdù 속도
❺ bìngdú 바이러스

2
❶ 干净 ❷ 饱 ❸ 错 ❹ 清楚

3
❶ 他可能喝醉了。
❷ 她可能结婚了。
❸ 手机可能没电了。
❹ 今天可能不会下雨。

4
❶ 我不但会说英语，而且会说法语。
❷ 他的女朋友不但很漂亮，而且很聪明。
(*很 보통 형용사 앞에 붙여서 말합니다.)
❸ 我不但喜欢吃中国菜，而且会做中国菜。
❹ 我不但有姐姐，而且有一个哥哥。

5
修
先，可能
能修好
取

9 我想剪成短发。 p.34~35

1
❶ jiǎn (자르다) ❷ huàn (바꾸다, 교환하다) ❸ biàn (변하다)
❹ xìngfú (행복하다) ❺ jiātíng (가정) ❻ shēnghuó (생활하다)

2
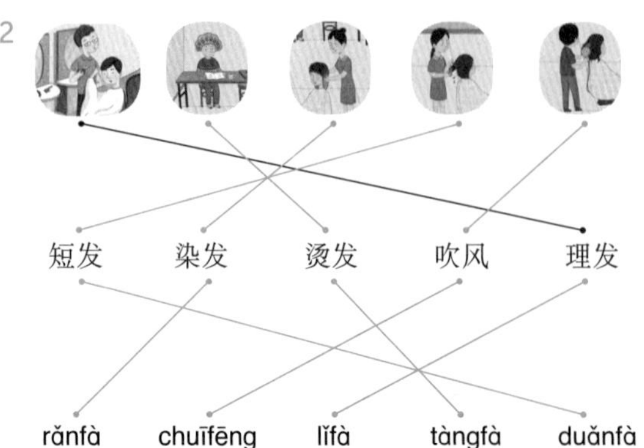

3

❶ 换成人民币。
❷ 变成一家人。
❸ 分成两半。
❹ 翻译成中文。

4

什么样的

5

欢迎光临，您要烫发吗？
什么样的发型？
剪成短发

10 汇率又跌了！ p.38~39

1

❶ 换 · · 价 fángjià 집값
❷ 汇 · · 票 gǔpiào 주식
❸ 物 · · 价 wùjià 물가
❹ 股 · · 钱 huànqián 환전하다
❺ 房 · · 率 huìlǜ 환율

2

❶ 涨 ❷ 跌

3

❶ 零点三五
❷ 一点五七
❸ 三分之一
❹ 四分之三

4

❶ 成
❷ 再
❸ 又
❹ 数

5

❶ 这儿能不能换钱？
❷ 我想换成美元。
❸ 一百美元能换多少人民币？
❹ 给我换一些零钱。

11 不大也不小，两个人住正好。 p.42~43

1

❶ 留学生 (유학생) ❷ 宿舍 (숙소) ❸ 读书 (책을 읽다)
❹ 散步 (산책하다) ❺ 省 (아끼다) ❻ 空 (틈, 시간)

2

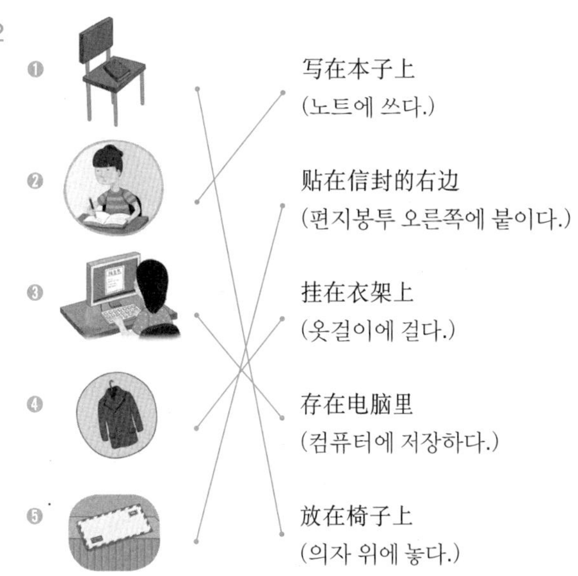

3

❶ 不多也不少 많지도 적지도 않다.
❷ 不高也不矮 크지도 작지도 않다.
❸ 不胖也不瘦 뚱뚱하지도 마르지도 않았다.
❹ 不冷也不热 춥지도 덥지도 않다.
❺ 不贵也不便宜 비싸지도 싸지도 않다.

4

❶ 有的时候喝咖啡，有的时候喝冰红茶。
❷ 有的时候回家休息，有的时候上街逛逛。
❸ 有的时候吃方便面，有的时候吃汉堡包。
❹ 有的时候和朋友聊天，有的时候去图书馆看书。

5

❶ b ❷ b

12 你陪我去夜市行吗? p.46~47

1

❶ 帮忙 ❷ 夜市 ❸ 早市 ❹ 经理

2

❶ shíjī (시기, 기회)
❷ liǎnsè (안색, 표정)
❸ liáotiān (이야기하다.)
❹ yǎnshén (눈매, 눈빛)
❺ dàiyù (대우, 취급)
❻ fèngpéi (모시다, 수행하다.)

3

❶ 我陪老师去学校。
❷ 我陪爸爸去医院。
❸ 我陪老板去中国。

4

❶ 累是累，可是很有意思。
❷ 好是好，可是经常加班。
❸ 会是会，可是说得不太好。
❹ 去过是去过，可是只是出差。

5

陪，行
行是行，时间
怎么，了
才

13 祝你生日快乐！ p.50~51

1

❶ (祝你)新年快乐！
❷ (祝你)中秋节快乐！
❸ (祝你)国庆节快乐！
❹ (祝你)生日快乐！

2

❶ 漂亮 ❷ 可怕 ❸ 紧张 ❹ 痒

3

❶ 爸爸送妈妈一个小礼物。
❷ 小龙送给美娜一盒中国茶。

4

❶ 你还记得我吗？
❷ 我记得你喜欢吃甜的!
❸ 你的生日很好记!

5 예

❶ 我只记得一两句。
❷ 我打算送妈妈一个很大的蛋糕。

14 你有什么爱好? p.54~55

1

❶ dé ❷ děng ❸ tán
❹ àihào ❺ bǐrú ❻ diàoyú

2

❶ 弹 ❷ 跳 ❸ 打
❹ 踢 ❺ 照 ❻ 做

3

❶ 冠军 ❷ 亚军 ❸ 季军

4

A: 多着呢 B: 哪些
❶ A: 그의 중국 친구는 많아.
B: 그는 모두 어떤 친구가 있는데?
❷ A: 난 가본 곳이 많아.
B: 모두 어디를 가 봤는데?

5

爱好

哪些
比如，等等

15 我要订一张往返票。

p.58~59

1
❶ hào ❷ shòupiàochù ❸ dìng ❹ kào

2
❶ 商务舱 ❷ 座位 ❸ 航班号

3
❶ 还是
❷ 靠过道的座位，请稍等
❸ 取消，告诉

4
❶ 请告诉我签证号码。
❷ 他告诉了我你的手机号码。
❸ 能不能告诉我预约号？
❹ 我想订一张去上海的机票。

5
这里是, 售票处
15号, 首尔的机票
还是
往返票

16 我先把护照拿出来

p.62~63

1
❶ tuōyùn ❷ xíngli ❸ xiāngzi ❹ dēngjīkǒu ❺ chuānghu

箱子 登机口 托运 窗户 行李

2
❶ 拿(出)(来) ❷ 带(进)(去)
❸ 走(下)(来) ❹ 放(进)(去) ❺ 提(上)(去)

3
❶ 把窗户开开。
❷ 把那本书借给我。
❸ 把你的书带来了。
❹ 把我的作业交给老师。

4
❶ 寄给我
❷ 送给你
❸ 借给我
❹ 交给老师
❺ 发给你

5
c (托运)行李 ➜ b 把护照拿(出来) ➜ d 去(登机口)
➜ a 把行李放(上去)

초판 발행 2014년 4월 10일

저자 배경진
발행인 이기선
발행처 제이플러스
주소 서울시 마포구 월드컵로 31길 62
전화 02-332-8320
등록번호 제10-1680호
등록일자 1998년 12월 9일
홈페이지 www.jplus114.com

ISBN 979-11-5601-014-2
978-89-94632-96-4 세트

값 5,000원

'혼자서도 된다! 중국어가 술술~' **말문이 열리는 회화 중심 교재!**

찌아요 중국어는 중국어 발음부터 시작하여 실생활에 바로 활용할 수 있는 대화문을 중심으로 중국어의 기본기를 차근차근 다질 수 있도록 기획된 초급 마스터 시리즈입니다.

- ▶ 기본편 ❶ ❷ 본문 4문장으로 중국어 기본기 익히기편
- ▶ 실력편 ❶ ❷ 본문 6문장으로 중국어 회화 실력 기르기편

ISBN 979-11-5601-014-2
ISBN 978-89-94632-96-4 (세트)

값 5,000원